Fortalécete en Él, Aun en el Divorcio

Guía Rápida para Sobreponerte al Divorcio

Diana Torres

Si desea comunicarse con la autora, puede hacerlo a
través de su correo electrónico: dtorres1999@yahoo.com.

Al comprar este libro, usted está haciendo una aportación
monetaria a una entidad de niños maltratados y
abandonados. ¡Gracias!

Dibujo: Wanda Rodríguez.

Diseño Gráfico Digital: Sylvia Muñiz.

Todos los textos bíblicos (a menos que se indique lo
contrario) han sido tomados de la *Santa Biblia*, versión
Reina-Valera, revisión 1960.

"Por último, fortalézcanse con el gran poder del Señor. Pónganse toda la armadura de Dios para que puedan hacer frente a las artimañas del diablo. Porque nuestra lucha no es contra seres humanos, sino contra poderes, contra autoridades, contra potestades que dominan este mundo de tinieblas, contra fuerzas espirituales malignas en las regiones celestiales. Por lo tanto, pónganse toda la armadura de Dios, para que cuando llegue el día malo puedan resistir hasta el fin con firmeza. Manténganse firmes, ceñidos con el cinturón de la verdad, protegidos por la coraza de justicia, y calzados con la disposición de proclamar el evangelio de la paz. Además de todo esto, tomen el escudo de la fe, con el cual pueden apagar todas las flechas encendidas del maligno. Tomen el casco de la salvación y la espada del Espíritu, que es la palabra de Dios. Oren en el Espíritu en todo momento, con peticiones y ruegos. Manténganse alerta y perseveren en oración por todos los santos."

Efesios 6:10-18 NVI

Dedico este libro al Dios Todopoderoso, quien ha sido mi inspiración, y a todas las mujeres esforzadas y valientes que nos hemos sobrepuesto a un divorcio agarraditas de la mano de Cristo.

No creas que lo sabes todo, disfruta la experiencia de aprender.

Agradecimiento

Agradezco de manera muy especial a mi esposo, Mario Figueroa, a mis padrinos espirituales Carmen Ana y Carlos Curet, y a mis pastores Martanén y Pedro Cotto, por sus enseñanzas, consejos y apoyo. También, a mi gran amiga, periodista y chef, Rose Y. Colón, por tan bondadosamente revisar y editar este libro.

ADVERTENCIA

Este libro no está dirigido a mujeres que estén considerando el divorcio, sino a mujeres que ya están pasando o hayan pasado por la experiencia del divorcio. Al leer este libro, podrías sentirte aludida y confrontada, y tal vez no quieras continuar leyendo. Esto es normal. Si te sientes así, toma un corto receso y retoma el texto nuevamente donde lo dejaste. No saltes capítulos, léelo en orden porque tiene su razón de ser. El divorcio es una de las experiencias más dolorosas y emocionalmente abrumadoras que puede atravesar un ser humano. Esfuérzate y sé muy valiente y verás que pronto no te dolerá y apenas recordarás lo que hoy te agobia.

"Mira que te mando que te esfuerces y seas valiente; no temas ni desmayes, porque Jehová tu Dios estará contigo en dondequiera que vayas."

Josué 1:9

Contenido

Capítulo 1

¿Para quién es este libro y por qué?

"Jehová se manifestó a mí hace ya mucho tiempo, diciendo: Con amor eterno te he amado; por tanto, te prolongué mi misericordia."
Jeremías 31:3

Este libro es para ti lectora porque eres sumamente importante para Dios. Como Dios tiene cuidado de ti, ha puesto en mi corazón escribirte de manera franca, sencilla y con amor para que recibas en tu espíritu la revelación de Su amor tan grande por ti y para que a través de ese amor, recibas esperanza y la sanidad en tu corazón. Cuando le abres tu corazón y tu mente a Dios, Él puede mostrarte cosas grandes que aún no conoces.

"Clama a mí, y yo te responderé, y te enseñaré cosas grandes y ocultas que tú no conoces."
Jeremías 33:3

Atravesar una situación difícil, como lo es un divorcio, no es tarea fácil. Tienes que ser paciente, esforzada y muy valiente. Y sobre todo, tienes que fortalecerte en Él: Dios Padre, Hijo y Espíritu Santo. Yo también sufrí por un divorcio, pero aunque estuve deprimida por un tiempo, no me desmoroné ni enfermé porque en todo momento buscaba a Dios y confiaba ciegamente y sinceramente en que Él mismo era mi ayudador, mi fortaleza, mi sanador, y mi sustento. ¿Qué si tuve miedo? ¡Claro que tuve miedo! ¿Qué si lloré? ¡Claro que lloré y mucho! Pero tuve la Palabra de Dios revelada en mi corazón, que con sólo hablarla y creerla, disipaba todo miedo, dolor y angustia.

"Porque yo sé los pensamientos que tengo acerca de vosotros, dice Jehová, pensamientos de paz, y no de mal, para daros el fin que esperáis."

Jeremías 29:11

¿Te sientes sola? ¿Sientes que nadie te entiende? ¿No hay nadie que te escuche? ¿Piensas que a nadie le importa por lo que estás pasando? ¿No tienes quién te acompañe? ¿Piensas que jamás vas a superarte del divorcio? ¿Piensas que el sentimiento y las emociones son tan fuertes que te ahogan? ¿Te preguntas qué pasó, por qué te pasó a ti, y por qué Dios permitió que pasaras por esto? ¿Quisieras saber por cuánto tiempo te va a doler? ¿Te preguntas si podrás rehacer tu vida con un nuevo compañero?... Si tu respuesta es "sí" a alguna de estas preguntas, quiero decirte que "está bien". Es normal sentirse así cuando atravesamos momentos difíciles, en particular por un divorcio o una pérdida de un ser amado. Lo que no es normal es quedarnos estancadas en esos pensamientos por siempre.

Una dura realidad te voy a compartir: Es en los momentos más difíciles de nuestra vida cuando nos damos cuenta que sólo nos tenemos a nosotras mismas. Es iluso pensar que una persona pueda estar 24 horas/7 días a la semana a nuestro lado dándonos aliento. Pensar esto, no sólo es egoísta, sino que nos sumerge más y más en una depresión y autocompasión peligrosa; en una dependencia frágil.

Todo ser humano, incluyéndote, puede fallar. Cuando ponemos nuestra confianza en alguien, podemos ser desilusionados y si no sabemos manejar la situación, podemos deprimirnos. Por eso, mi consejo para ti es que no dependas de nada ni de nadie, sólo de Dios. Pon tu mirada sólo en Dios y no en las acciones de la gente.

¿Por qué debes depender sólo de Dios?

Porque Él ha prometido sustentarte y estar contigo siempre. Porque Él no miente ni se desmiente. Porque Él es el mismo ayer, hoy y por los siglos.

"No temas, porque yo estoy contigo; no desmayes, porque yo soy tu Dios que te esfuerzo; siempre te ayudaré, siempre te sustentaré con la diestra de mi justicia."

Isaías 41:10

"Dios no es hombre, para que mienta, Ni hijo de hombre para que se arrepienta. El dijo, ¿y no hará? Habló, ¿y no lo ejecutará?"
Números 23:19

"Jesucristo es el mismo ayer, y hoy, y por los siglos."
Hebreos 13:8

Dios estuvo con los que le sirvieron antes de que Jesucristo anduviese por la tierra, continuó luego a través de Jesucristo, y cuando Jesucristo murió y resucitó, nos dejó al Espíritu Santo para que tengamos comunicación directa con Él.

¿Se te hace difícil creerlo? ¿Se te hace difícil creer que Dios, el que muchos dicen que está allá arriba tan lejos en el cielo, está contigo siempre?

Bueno, entonces debemos comenzar por creer y afirmar lo siguiente:

1) Creo en Dios – Dios es Dios, creador de los cielos y la tierra, y de todo lo que hay en ella.

"En el principio creó Dios los cielos y la tierra."

"Después dijo Dios: Produzca la tierra hierba verde, hierba que dé semilla; árbol de fruto que dé fruto según su género, que su semilla esté en él, sobre la tierra. Y fue así."
Génesis 1:11

"Dijo Dios: Produzcan las aguas seres vivientes, y aves que vuelen sobre la tierra, en la abierta expansión de los cielos. ... Luego dijo Dios: Produzca la tierra seres vivientes según su género, bestias y serpientes y animales de la tierra según su especie. Y fue así. E hizo Dios animales de la tierra según su género, y ganado según su género, y todo animal que se arrastra sobre la tierra según su especie. Y vio Dios que era bueno."
Génesis 1:20-25

2) Creo en lo que dice la Biblia – Fue el mismísimo Espíritu Santo de Dios el que inspiró a los escritores de la Biblia. Sólo por fe puedes creerlo en tu corazón.

"Toda la Escritura es inspirada por Dios, y útil para enseñar, para redargüir, para corregir, para instruir en justicia, a fin de que el hombre de Dios sea perfecto, enteramente preparado para toda buena obra."
2 Timoteo 3:16-17

"La exposición de tus palabras alumbra; Hace entender a los simples."
Salmo 119:130

"...porque nunca la profecía fue traída por voluntad humana, sino que los santos hombres de Dios hablaron siendo inspirados por el Espíritu Santo."
2 Pedro 1:21

Dios y su Palabra son uno. No puede separarse a Dios de su Palabra. La Biblia es la Palabra inspirada por Dios y Jesucristo es la Palabra encarnada de Dios. Jesucristo cuando anduvo en la tierra hacía referencia a la Palabra de Dios escrita e hizo el cumplimiento de las escrituras.

"El que tiene mis mandamientos [Jesús hablando], y los guarda, ése es el que me ama; y el que me ama, será amado por mi Padre, y yo le amaré, y me manifestaré a él... El que me ama, mi palabra guardará; y mi Padre le amará, y vendremos a él, y haremos morada con él."
Juan 14:21-23

Si crees las escrituras y haces conforme a ellas, entonces podrás renovar tu mente y hacer prosperar tu camino y todo te saldrá bien.

"Nunca se apartará de tu boca este libro de la ley, sino que de día y de noche meditarás en él, para que guardes y hagas conforme a todo lo que en él está escrito; porque entonces harás prosperar tu camino, y todo te saldrá bien."
Josué 1:8

Es común escuchar por ahí la frase "creo en Dios". Yo te digo que no sólo tienes que creer en Dios, sino **creerle** a Dios. Decir *"yo creo que Dios existe"* puede ser una verdad racional porque tal vez desde pequeña tus padres te la inculcaron, pero es cuando la llevas de tu mente a tu espíritu y afirmas en tu corazón *"yo creo que soy lo que la escritura dice que soy, yo tengo lo que la escritura dice que tengo, y yo puedo hacer lo que la escritura dice que puedo hacer."*, que entonces creerle a Dios se hace una realidad en tu vida y se manifiesta en tu diario vivir. Cuando le crees a Dios y a su Palabra, eres más que vencedora en Cristo. Cuando le crees a Dios, Él no te deja en vergüenza. Tú declaras la Palabra con tu boca y Él la respalda. Sé consciente de que los dichos de tu boca tienen poder para edificar o para destruir. Toda Palabra de Dios que declares por tu boca edifica y se cumple. Dice en Mateo 18:18 que *"todo lo que atéis en la tierra, será atado en el cielo; y todo lo que desatéis en la tierra, será desatado en el cielo."*. Tus palabras tienen poder. Utilízalas para restaurar, construir, liberar y sanar. Sé cuidadosa con los dichos de tu boca.

3) Eres hechura de Dios a su imagen y semejanza – Dios te formó, Él te hizo, formó tus entrañas, te hizo en el vientre de tu madre, has sido creada en Cristo Jesús para buenas obras, eres linaje escogido.

"Entonces dijo Dios: Hagamos al hombre a nuestra imagen, conforme a nuestra semejanza; y señoree en los peces del mar, en las aves de los cielos, en las bestias, en toda la tierra, y en todo animal que se arrastra sobre la tierra. Y creó Dios al hombre a su imagen, a imagen de Dios lo creó; varón y hembra los creó."
Génesis 1:26-27

"Entonces Jehová Dios hizo caer sueño profundo sobre Adán, y mientras éste dormía, tomó una de sus costillas, y cerró la carne en su lugar. Y de la costilla que Jehová Dios tomó del hombre, hizo una mujer, y la trajo al hombre."
Génesis 2:21-22

"Reconoced que Jehová es Dios; El nos hizo, y no nosotros a nosotros mismos; Pueblo suyo somos, y ovejas de su prado."
Salmos 100:3

"Porque tú formaste mis entrañas; Tú me hiciste en el vientre de mi madre."
Salmos 139:13

"Porque somos hechura suya, creados en Cristo Jesús para buenas obras, las cuales Dios preparó de antemano para que anduviésemos en ellas."
Efesios 2:10

"Mas vosotros sois linaje escogido, real sacerdocio, nación santa, pueblo adquirido por Dios, para que anunciéis las virtudes de aquel que os llamó de las tinieblas a su luz admirable."
1 Pedro 2:9

4) Eres una hija de Dios, Dios es tu Padre – Si aceptaste en tu corazón que Cristo murió para darte vida, entonces has sido constituida hija de Dios.

"Mas a todos los que le recibieron, a los que creen en su nombre, les dio potestad de ser hechos hijos de Dios."
Juan 1:12

Ya no eres creación, no eres sierva, ¡Eres una Hija de Dios! ¡Eres la Hija de un Rey! ¡Eres su amada Princesa! ¡Regocíjate con esta noticia! Dios, como buen padre perfecto y amoroso, quiere sólo lo mejor para ti. Él pelea por ti, está contigo como poderoso gigante, te guarda en la palma de su mano, te sostiene de su mano derecha y te dice que no temas porque Él está contigo ayudándote. Todo lo bueno y todo lo que es bueno proviene de tu Padre del Cielo.

"Toda buena dádiva y todo don perfecto desciende de lo alto, del Padre de las luces, en el cual no hay mudanza, ni sombra de variación."
Santiago 1:17

Si no has aceptado en tu corazón el sacrificio que Cristo hizo en la cruz por ti, entonces confiesa con todo tu corazón esta oración:

"Yo confieso con mi boca que Jesucristo es mi único Señor y Salvador personal y creo en mi corazón que Dios lo levantó de los muertos. Gracias Padre por escribir mi nombre en el libro de la vida. Te pido que tu Espíritu Santo revele tu Palabra a mi espíritu y a mi mente para que haga conforme a tus estatutos. Perdona mis pecados y ayúdame a vivir conforme a tu Palabra. Diablo te ordeno en el Nombre de Jesús que ceses y desistas de obrar en mi contra. Por la autoridad de Cristo, me declaro libre de toda artimaña de Satanás y sana desde la cabeza hasta los pies. En el nombre poderoso de Jesús. Amén"

Si has afirmado las 4 verdades anteriormente establecidas y las has creído en lo profundo de tu corazón, entonces mira lo que Dios te dice para que no dudes ni por un segundo que Él está contigo siempre:

"Mas Jehová está conmigo como poderoso gigante; por tanto, los que me persiguen tropezarán, y no prevalecerán; serán avergonzados en gran manera, porque no prosperarán; tendrán perpetua confusión que jamás será olvidada."
Jeremías 20:11

"... Él da esfuerzo al cansado, y multiplica las fuerzas al que no tiene ningunas..."
Isaías 40:29

"Mi Dios, pues, suplirá todo lo que os falta conforme a sus riquezas en gloria en Cristo Jesús."
Filipenses 4:19

"Todo lo puedo en Cristo que me fortalece."
Filipenses 4:13

"No os afanéis, pues, diciendo: ¿Qué comeremos, o qué beberemos, o qué vestiremos? Porque los gentiles buscan todas estas cosas; pero vuestro Padre celestial sabe que tenéis necesidad de todas estas cosas. Mas buscad primeramente el reino de Dios y su justicia, y todas estas cosas os serán

*añadidas. Así que, no os afanéis por el día de mañana,
porque el día de mañana traerá su afán. Basta a cada día su
propio mal."*
Mateo 6:31-34

*"Por tanto, tomad toda la armadura de Dios, para que
podáis resistir en el día malo, y habiendo acabado todo, estar
firmes."*
Efesios 6:13

*"Te pondrá Jehová por cabeza, y no por cola; y estarás
encima solamente, y no estarás debajo, si obedecieres los
mandamientos de Jehová tu Dios, que yo te ordeno hoy, para
que los guardes y cumplas."*
Deuteronomio 28:13

*"No temas, porque yo estoy contigo; no desmayes, porque
yo soy tu Dios que te esfuerzo; siempre te ayudaré, siempre te
sustentaré con la diestra de mi justicia."*
Isaías 41:10

*"Pero Dios, que es rico en misericordia, por su gran amor con
que nos amó, aun estando nosotros muertos en pecados, nos
dio vida juntamente con Cristo (por gracia sois salvos), y
juntamente con él nos resucitó, y asimismo nos hizo sentar en
los lugares celestiales con Cristo Jesús, para mostrar en los
siglos venideros las abundantes riquezas de su gracia en su
bondad para con nosotros en Cristo Jesús. Porque por gracia*

sois salvos por medio de la fe; y esto no de vosotros, pues es don de Dios; no por obras, para que nadie se gloríe. Porque somos hechura suya, creados en Cristo Jesús para buenas obras, las cuales Dios preparó de antemano para que anduviésemos en ellas."

Efesios 2:4-10

"¿Se ocultará alguno, dice Jehová, en escondrijos que yo no lo vea? ¿No lleno yo, dice Jehová, el cielo y la tierra?"

Jeremías 23:24

"Oh Jehová, tú me has examinado y conocido. Tú has conocido mi sentarme y mi levantarme; Has entendido desde lejos mis pensamientos. Has escudriñado mi andar y mi reposo, Y todos mis caminos te son conocidos. Pues aún no está la palabra en mi lengua, Y he aquí, oh Jehová, tú la sabes toda. Detrás y delante me rodeaste, Y sobre mí pusiste tu mano. Tal conocimiento es demasiado maravilloso para mí; Alto es, no lo puedo comprender. ¿A dónde me iré de tu Espíritu? ¿Y a dónde huiré de tu presencia? Si subiere a los cielos, allí estás tú; Y si en el Seol hiciere mi estrado, he aquí, allí tú estás. Si tomare las alas del alba Y habitare en el extremo del mar, Aun allí me guiará tu mano, Y me asirá tu diestra. Si dijere: Ciertamente las tinieblas me encubrirán; Aun la noche resplandecerá alrededor de mí. Aun las tinieblas no encubren de ti, Y la noche resplandece como el día; Lo mismo te son las tinieblas que la luz."

Salmo 139:1-12

"Ninguna arma forjada contra ti prosperará, y condenarás toda lengua que se levante contra ti en juicio. Esta es la herencia de los siervos de Jehová, y su salvación de mí vendrá, dijo Jehová."

Isaías 54:17

"El ángel de Jehová acampa alrededor de los que le temen, Y los defiende."

Salmo 34:7

"El te librará del lazo del cazador, De la peste destructora. Con sus plumas te cubrirá, Y debajo de sus alas estarás seguro."

Salmo 91:3-4

Capítulo 2

¿Quién es Él?

Fortalécete en Él en TODO tiempo, aun en el Divorcio

"Él" es Dios Padre, Hijo y Espíritu Santo. Dios Padre, el Creador de todo lo que conocemos, envió a su hijo Jesús al mundo para reconciliar al mundo, y cuando Jesús regresó al Padre, entonces envió al Espíritu Santo. Parece complicado y lo es. No profundizaremos en este momento sobre esto, sino que en palabras sencillas y claras voy a explicar lo que esto significa para ti.

Sólo hay un Dios, pero en Dios hay tres personas diferentes. Cada una de esas tres personas es enteramente Dios. Esto es lo que se conoce como el Misterio de la Trinidad. Este misterio es muy difícil de comprender. Sólo por fe los cristianos creemos en la Trinidad. Aunque estas tres personas son un mismo Dios, cada una ha llevado a cabo una función diferente. Dios Padre ha sido el Creador; Dios Hijo Jesucristo ha sido el que nos redimió de toda maldición y nos hizo hijos de Dios; y el Espíritu Santo es el que viene a vivir dentro de nosotros cuando declaramos que Jesucristo es nuestro único Dios, nos santifica, es nuestro consolador, ayudador, y conexión directa con Dios Padre e Hijo en estos días.

"Jesús le dijo: Yo soy el camino, y la verdad, y la vida; nadie viene al Padre, sino por mí. Si me conocieseis, también a mi Padre conoceríais; y desde ahora le conocéis, y le habéis visto... El que me ha visto a mí, ha visto al Padre... Las palabras que yo os hablo, no las hablo por mi propia cuenta, sino que el Padre que mora en mí, él hace las obras. Creedme que yo soy en el Padre, y el Padre en mí; de otra manera, creedme por las mismas obras. De cierto, de cierto os digo: El que en mí cree, las obras que yo hago, él las hará también; y aun mayores hará, porque yo voy al Padre. Y todo lo que pidiereis al Padre en mi nombre, lo haré, para que el Padre sea glorificado en el Hijo. Si algo pidiereis en mi nombre, yo lo haré. Si me amáis, guardad mis mandamientos. Y yo rogaré al Padre, y os dará otro Consolador, para que esté con vosotros para siempre: el Espíritu de verdad, al cual el mundo no puede recibir, porque no le ve, ni le conoce; pero vosotros le conocéis, porque mora con vosotros, y estará en vosotros... El que tiene mis mandamientos, y los guarda, ése es el que me ama; y el que me ama, será amado por mi Padre, y yo le amaré, y me manifestaré a él. "

Juan 14:6-21

"Por tanto, id, y haced discípulos a todas las naciones, bautizándolos en el nombre del Padre, y del Hijo, y del Espíritu Santo."

Saber que ciertamente el Espíritu Santo de Dios está en ti es un consuelo extraordinario. Reconocer que Él te ayuda en todos los asuntos de la vida es reconfortante y esperanzador. Cuando aceptaste en tu corazón el sacrificio de Jesucristo, el Espíritu Santo vino a morar dentro de ti. Esto es un milagro en sí mismo que sólo puedes creer por fe.

El Espíritu Santo está contigo TODO EL TIEMPO. Cuando te bañas, cuando te diviertes, cuando ríes, cuando lloras, incluso cuando pecas. Él no se va de ti a menos que lo rechaces y desprecies.

"A cualquiera que dijere alguna palabra contra el Hijo del Hombre, le será perdonado; pero al que hable contra el Espíritu Santo, no le será perdonado, ni en este siglo ni en el venidero."

Mateo 12:32

"pero cualquiera que blasfeme contra el Espíritu Santo, no tiene jamás perdón, sino que es reo de juicio eterno. "

Marcos 3:29

La persona del Espíritu Santo está contigo para consolarte, ayudarte, guiarte, mostrarte cuando has cometido un pecado, revelar la Palabra de Dios en tu espíritu, restaurarte, santificarte, protegerte, acompañarte siempre, transmitirte la voluntad del Padre para tu vida, enseñarte todas las cosas y recordarte la Palabra de Dios, para darte poder y que seas testigo ante el mundo del poder de Dios, para hablar directamente con el Padre como te conviene a través del don de lenguas, para interceder y suplir una necesidad, para sanar enfermos y echar fuera demonios, para operar en el fruto del Espíritu (amor, gozo, paz, paciencia, benignidad, bondad, fe, mansedumbre, y templanza), para que el amor de Dios sea derramado en tu corazón, para tener discernimiento de espíritu, para darte VIDA…

"pero recibiréis poder, cuando haya venido sobre vosotros el Espíritu Santo, y me seréis testigos en Jerusalén, en toda Judea, en Samaria, y hasta lo último de la tierra."
Hechos 1:8

"Mas el fruto del Espíritu es amor, gozo, paz, paciencia, benignidad, bondad, fe, mansedumbre, templanza; contra tales cosas no hay ley."
Gálatas 5:22-23

"y la esperanza no avergüenza; porque el amor de Dios ha sido derramado en nuestros corazones por el Espíritu Santo que nos fue dado."
Romanos 5:5

"Y si el Espíritu de aquel que levantó de los muertos a Jesús mora en vosotros, el que levantó de los muertos a Cristo Jesús vivificará también vuestros cuerpos mortales por su Espíritu que mora en vosotros."

Romanos 8:11

¡Qué maravillosa y poderosa noticia es el Espíritu Santo dentro de ti! Saca ventaja a esta enorme bendición.

Capítulo 3

¿Cómo puedo sobreponerme en Él?

La Real Academia Española define la palabra *sobreponer* como sigue:

- Dominar los impulsos del ánimo, hacerse superior a las adversidades o a los obstáculos.

Entonces, con voz audible, declara en este momento: *"Yo puedo dominar los impulsos del ánimo y hacerme superior a las adversidades y los obstáculos en Cristo Jesús. Amén"*

Ahora que has decidido de todo corazón creerle a Dios, vamos a hablar sobre cómo sobreponerte al divorcio fortaleciéndote en Él en todo tiempo. Porque escucha con atención: **¡SÍ PUEDES SOBREPONERTE! ¡SÍ PUEDES REHACER TU VIDA! ¡SÍ PUEDES RECORDAR SIN DOLOR! ¡SÍ PUEDES SALIR HACIA ADELANTE! <u>PERO DEPENDE DE TI.</u>** La vida sigue. La Tierra no deja de girar a causa de tu divorcio. Tú decides si caminas al compás de la Tierra o si te arrastras por ella. Sólo **TÚ** puedes elegir lo que quieres para tu vida.

Piensa por un momento en las siguientes preguntas y escribe la respuesta. El propósito es que identifiques dónde estás parada y cómo está el terreno. Haz una retrospección con sinceridad y honestidad, y medita en las respuestas a estas preguntas. Es un medio para que abras tu corazón y te desahogues. Cuando escribimos sobre nuestros sentimientos, normalmente nos ayuda a ponerlos en perspectiva, asumir la realidad y establecernos metas que delinean nuestro futuro.

1) ¿Cómo te sientes hoy? Describe tus sentimientos.

2) ¿Qué sientes hoy por tu ex-esposo? Describe tus sentimientos.

3) ¿Cómo te quieres sentir contigo misma?

4) ¿Qué quieres sentir por tu ex-esposo?

5) ¿Cómo te visualizas de aquí a una semana?

6) Identifica al menos 3 metas a corto plazo y 3 metas a largo plazo. Define qué acciones vas a iniciar para lograrlas.

A lo largo de la lectura de este libro, identificarás cómo puedes manejar las emociones y los sentimientos que has expresado en las preguntas anteriores, y de esta manera autoevaluarte a la luz de la Palabra de Dios. Para que tu autoevaluación rinda fruto, ten en cuenta que siempre has de hacerlo según lo que establece la Palabra de Dios y **NO** a base de tus experiencias o las experiencias de los demás. Tu experiencia, tu manera de pensar, tus acciones, y tu manera de vivir, tienen que sujetarse a la Palabra de Dios. Lo que Dios ha establecido en la Biblia debe ser el filtro que utilices para el análisis de tus acciones, emociones, sentimientos, y decisiones. Incluso, debe ser el filtro por el cual cueles los consejos que recibes.

En este libro quiero compartirte cómo me sobrepuse a mi divorcio para así ayudarte a que te sobrepongas al tuyo. No pretendo expresarme clínicamente porque no es mi especialidad. Tampoco pretendo dirigir tu vida. Sólo anhelo darte esperanza, aliento y Palabra de Dios. Creo firmemente que tal como yo lo logré, tú también lo puedes lograr.

A través de la Palabra de Dios, de las lecturas que he realizado sobre el tema del divorcio, y de mi propia experiencia sobreponiéndome hasta lograr la sanidad emocional, he identificado cuatro pasos súper importantes para que tú también te sobrepongas y quiero que los conozcas para tu beneficio. Yo he experimentado estos pasos y sé que son la base para la superación.

PASO 1: Reconoce lo Sucedido

¡Ya pasó! Sí, fue real. Eres una mujer divorciada. Ahora eres una mujer soltera. Tienes que internalizarlo. Éste es el primer paso para tu sanidad emocional. No idealices lo que fue, no te mientas a ti misma, no disfraces la verdad, ni finjas que eres la súper mujer fuerte a la que el divorcio no le ha afectado y anda feliz por ahí. Estas actitudes y la negación de tus sentimientos sólo te harán más daño y prolongarán el proceso de sanidad. Por el contrario, mantén una actitud realista, sosegada, y optimista.

Sé humilde de corazón y franca contigo. Reconoce que tú también aportaste al divorcio. Echar el 100% de la culpa a uno de los dos es egoísta, irreal y sólo te hace daño. Ambos contribuyeron al deterioro de la relación. Ya no busques culpables. Ya no señales. Ya no juzgues. Reconoce que no funcionó, que terminó y que ahora te toca seguir hacia adelante. Asumir tu parte de la responsabilidad te liberta y te ayuda a crecer. Suena duro y lo es. No es fácil, pero tú puedes en Cristo.

Recuerdo cuando tuve ese encuentro con la realidad. Cuando se hizo real en mi interior que el divorcio era inminente. Mi mente estaba muy inquieta. Era como si tuviera mil pensamientos a la vez por segundo. Comencé a sentir un frío en mi interior que subía hasta mi cabeza. Mis manos temblaban y mis piernas flaqueaban. Sentía un ardor en el estómago. Mis ojos no podían parar de llorar. Mi corazón estaba muy acelerado, al punto que tuve miedo.

Esa tarde, me lancé a mi cama y lloré como nunca antes había llorado en mi vida. Era como si algo dentro de mí se hubiese desgarrado. Era un dolor que se hacía más fuerte con cada gemido. Mi corazón continuaba latiendo a una velocidad tan fuerte que se estremecía mi cuerpo. Mi mamá estaba a mi lado y sin palabras, sólo sobaba mi espalda mientras yo desahogaba todo mi dolor. Después de unos minutos y de repente, tomé el control de mis emociones y comencé a repetir sollozada, un apenas descifrable *"no voy a caer en depresión"*. Y clamé a Dios en mi mente porque el llanto y el dolor eran tan fuertes que no podía hablar. Entonces declaraba la palabra de paz para mi mente (Isaías 26:3), ordené a mi cuerpo y a mis emociones que se sujetaran a la Palabra de Dios, maldije la obra del diablo y le ordené que desapareciera. Luego entonces, pedí perdón a Dios por haberle fallado y perdoné a mis ofensores…

PASO 2: Entregarte a Dios y Entregar tu Situación a Dios

En los capítulos anteriores hablamos sobre entregarte a Dios. Ahora es necesario que también le entregues tu situación a Dios. Tratar de sobreponerte al divorcio por ti misma es tedioso, abrumador, pesado, estresante, doloroso, puede enfermarte, y te tomará mucho tiempo para lograrlo. De hecho, podrías nunca sobreponerte. Tú no estás diseñada para cargar con el peso abrumador que conlleva un divorcio. Las personas que se cargan con los afanes de la vida, acaban con enfermedades cardíacas, físicas y emocionales. Decide mejor no tener ese peso sobre tus hombros, sino permite que Dios lo lleve por ti. Esto te ayudará a mantenerte sana física y emocionalmente. Toma un momento ahora para abrir tu corazón y decirle a Dios:

"Padre, he creído en ti y confiadamente pongo delante de ti mi situación. Prometo no afanarme y permitir que tú trabajes conmigo y mi situación. Ayúdame Espíritu Santo a mantenerme firme en el nombre de Jesús. Gracias Padre porque por fe lo he creído y ha sido hecho. Amén."

"Por nada estéis afanosos, sino sean conocidas vuestras peticiones delante de Dios en toda oración y ruego, con acción de gracias."

Filipenses 4:6

Luego de hacer esta oración, tienes que velar que tu mente no la invalide. A veces la mente nos traiciona. Quiere imponer un pensamiento sobre lo que hemos orado. Vendrán pensamientos como: "oré y no hubo cambio", "todo está igual que antes", "me siento débil", "jamás podré con este dolor", "esta carga es muy dura para mí", y la lista no termina ahí... Todos esos pensamientos los tienes que echar fuera. Puede pasarte como me pasó a mí, que a veces no me daba cuenta que estaba meditando en un pensamiento que invalidaba lo que había orado. Pero en el momento en que caía en cuenta, comenzaba a rechazar ese pensamiento utilizando la Palabra de Dios hasta que éste se disipaba. Solía declarar en voz audible: "Diablo, eres un derrotado mentiroso y te ordeno ahora en el nombre de Jesús que pares de atribularme. Ordeno a todo pensamiento que se sujete ahora a la Palabra de Dios. Dios guarda en completa paz mis pensamientos en Cristo Jesús". Y luego cantaba una alabanza y exaltaba a Dios.

"Tú guardarás en completa paz a aquel cuyo pensamiento en ti persevera; porque en ti ha confiado."

Nota que comencé mi oración dándole una orden al diablo. Sí, así es porque Jesucristo nos dio autoridad sobre el diablo y sus obras. El diablo zarandea tu mente. Él hace como dice el dicho: *"Te tira la cascarita de guineo para que resbales"*. Te miente para que dudes de Dios, para robarte la Palabra que está en tu corazón, y para que no creas que Dios ha de bendecirte en todo tiempo. Una duda o el miedo, le abren la puerta al diablo para que entre en tu vida y te enrede más y más en su madeja. Por eso, cuando el diablo traiga a tu mente pensamientos que te alejan de Dios e invalidan lo que Dios te ha dicho a través de su Palabra, tienes que utilizar la Palabra misma para contradecirle y ordenarle que enmudezca y se largue en el nombre de Jesús. Así lo hizo el mismo Jesús cuando fue tentando por Satanás en el desierto y cuando Pedro, con buena intención y sin saber que sus palabras le habían sido inspiradas por el diablo, pidió a Jesús que no le aconteciera el dolor que le esperaba. Si Jesús no hubiese muerto ni resucitado, entonces nuestros pecados no hubiesen sido limpiados, ni hubiésemos sido redimidos de la maldición del diablo.

"—Si eres el Hijo de Dios, ordena a estas piedras que se conviertan en pan. Jesús le respondió: —Escrito está: "No sólo de pan vive el hombre, sino de toda palabra que sale de

la boca de Dios." [Deuteronomio 8:3]. *Luego el diablo lo llevó a la ciudad santa e hizo que se pusiera de pie sobre la parte más alta del templo, y le dijo: —Si eres el Hijo de Dios, tírate abajo. Porque escrito está: "Ordenará que sus ángeles te sostengan en sus manos, para que no tropieces con piedra alguna."* [Salmo 91:11,12]. *—También está escrito: "No pongas a prueba al Señor tu Dios"* [Deuteronomio 6:16] *—le contestó Jesús. De nuevo lo tentó el diablo, llevándolo a una montaña muy alta, y le mostró todos los reinos del mundo y su esplendor. —Todo esto te daré si te postras y me adoras. — ¡Vete, Satanás! — le dijo Jesús—. Porque escrito está: "Adora al Señor tu Dios y sírvele solamente a él."* [Deuteronomio 6:13]. *Entonces el diablo lo dejó, y unos ángeles acudieron a servirle."*

Mateo 4:4:3-11

"Entonces Pedro, tomándolo aparte, comenzó a reconvenirle, diciendo: Señor, ten compasión de ti; en ninguna manera esto te acontezca. Pero él, volviéndose, dijo a Pedro: ¡Quítate de delante de mí, Satanás!; me eres tropiezo, porque no pones la mira en las cosas de Dios, sino en las de los hombres."

Mateo 16:22-23

"Al que no conoció pecado, por nosotros lo hizo pecado, para que nosotros fuésemos hechos justicia de Dios en él."

2 Corintios 5:21

"Someteos, pues, a Dios; resistid [ir en contra] *al diablo, y huirá de vosotros."*

Santiago 4:7

"He aquí os doy potestad de hollar serpientes y escorpiones, y sobre toda fuerza del enemigo, y nada os dañará".

Lucas 10:19

"Y sometió todas las cosas bajo sus pies, y lo dio por cabeza sobre todas las cosas a la iglesia [la iglesia somos tú y yo], *la cual es su cuerpo* [somos el cuerpo de Cristo y Cristo es la cabeza], *la plenitud de Aquel que todo lo llena en todo".*

Efesios 1:22-23

Rechaza el pensamiento contraproducente y sustitúyelo por oración, intercesión y alabanza. ¿Te preguntas por cuánto tiempo tendrás que hacer esto? La respuesta es: por siempre. Tiene que ser constante. El diablo siempre va a querer robarte la Palabra que ha sido sembrada en tu corazón. Su objetivo es confundirte y alejarte de Dios. Y una característica de este individuo es que es persistente. Así que tú también tienes que ser persistente, pero en Cristo y su Palabra.

"Estas cosas os he hablado para que en mí tengáis paz. En el mundo tendréis aflicción; pero confiad, yo he vencido al mundo."

Juan 16:33

"Porque todo lo que es nacido de Dios vence al mundo; y esta es la victoria que ha vencido al mundo, nuestra fe."

1 Juan 5:4

Ten contigo siempre, en tu cartera o teléfono celular, la Biblia o un libro de promesas que te ayude rápidamente a encontrar la escritura bíblica que es antídoto a la necesidad que atraviesas. Será refrigerio a tu ser.

"No seas sabio en tu propia opinión; Teme a Jehová, y apártate del mal; Porque será medicina a tu cuerpo, Y refrigerio para tus huesos."

Proverbios 3:7-8

PASO 3: Perdona y Pide Perdón

Este paso es bien difícil, pero sumamente importante para tu crecimiento espiritual y relación con Dios. Dios nos pide que perdonemos para que así Él nos perdone. Perdonar es una decisión, al igual que amar también es una decisión y no un sentimiento. Si te dejas llevar por el ánimo y las emociones, no perdonas ni amas porque tu corazón está muy dolido y en medio del dolor y el sufrimiento es difícil perdonar y amar. Pero para ser obediente a lo que Dios dice, tienes que ir por encima de tu carne; que son las pasiones y emociones.

Perdonar no es negar la ofensa, disculparte, autojustificarte, ni decir: *"no pasa nada, el tiempo lo borra todo".* Perdonar y amar a tu enemigo **NO** significa que tienes que volverte su amiga, ni que tienes que continuar viéndole, ni que tienes que compartir con él... Sólo **significa que decidiste liberarte de ese dolor, soltar esa carga, romper el yugo que te ata a esa persona física y emocionalmente, liberar todo pensamiento que te hace esclava y rehén de esa persona, dejar libre a la otra persona.** Tienes que perdonar para poder vivir sin amarguras, sin resentimientos, odio, ni para que des lugar al diablo.

"Y al que vosotros perdonáis, yo también; porque también yo lo que he perdonado, si algo he perdonado, por vosotros lo he hecho en presencia de Cristo, para que Satanás no gane ventaja alguna sobre nosotros; pues no ignoramos sus maquinaciones."
2 Corintios 2:10-12

"Entonces se le acercó Pedro y le dijo: Señor, ¿cuántas veces perdonaré a mi hermano que peque contra mí? ¿Hasta siete? Jesús le dijo: No te digo hasta siete, sino aun hasta setenta veces siete."

Mateo 18:21-22

"Y no enseñará más ninguno a su prójimo, ni ninguno a su hermano, diciendo: Conoce a Jehová; porque todos me conocerán, desde el más pequeño de ellos hasta el más grande, dice Jehová; porque perdonaré la maldad de ellos, y no me acordaré más de su pecado."

Jeremías 31:34

"Porque si perdonáis a los hombres sus ofensas, os perdonará también a vosotros vuestro Padre celestial; mas si no perdonáis a los hombres sus ofensas, tampoco vuestro Padre os perdonará vuestras ofensas."

Mateo 6:14-15

"Si confesamos nuestros pecados, él es fiel y justo para perdonar nuestros pecados, y limpiarnos de toda maldad."

1 Juan 1:9

Seguramente te estás preguntando: *¿Cómo se perdona? ¿Cómo amo al que me ha causado una angustia tan profunda?* Para comenzar el proceso de perdonar, lo primero que debes hacer es pedir a Dios que te perdone porque fallaste a la promesa del matrimonio. Pide perdón por todo aquello que hiciste que tú sabes en tu corazón que no estuvo bien delante de Dios. Pide perdón aun por aquellos pecados cometidos que ya apenas recuerdas. Luego **decide** que, a pesar de cómo te sientes y sin importar cuánto daño te han causado, o cuán grande es tu dolor, o toda la desgracia que ha sobrevenido a tu casa, **tú perdonas a tus ofensores**. Puedes utilizar este modelo de oración: *"Señor, yo perdono a [nombre de tu(s) ofensor(es)]. Te pido que lo(s) bendigas. Y te pido que me ayudes a sanar en paz y amor.".* Y cree por fe que has recibido en el mismo instante el perdón de Dios porque has sido obediente y has ejecutado el perdonar.

"Hijo mío, no te olvides de mi ley, Y tu corazón guarde mis mandamientos; Porque largura de días y años de vida Y paz te aumentarán. Nunca se aparten de ti la misericordia y la verdad; Átalas a tu cuello, Escríbelas en la tabla de tu corazón."

Proverbios 3:1-3

"Pero Samuel dijo: ¿Qué complace más al SEÑOR: sacrificios que deben quemarse completamente y otros sacrificios u obedecer los mandatos del SEÑOR? Es mejor obedecerle que ofrecerle sacrificios. Es mejor obedecerle que ofrecerle la grasa de los carneros. Negarse a obedecerlo es tan malo como la brujería. Ser tercos y hacer la voluntad propia

es como el pecado de adorar ídolos. Tú te negaste a obedecer el mandato del SEÑOR, por eso él ahora se niega a aceptarte como rey."

1 Samuel 15:22-23

Lo segundo que debes hacer es amarlo. Esto lo que significa es que aun teniendo tú la oportunidad de hacerle daño, decides no hacerlo. Tú amas a tus ofensores cuando decides no hacerles daño, cuando no blasfemas, cuando no los insultas, cuando no creas intrigas, insinuaciones, peleas, contiendas, ni bochinches. Yo sé que esto es difícil cuando tu carne lo que quiere es decirle a todos el daño que te causó. Es duro amarle. Jamás te diría que es fácil, pero una vez más, tú puedes en Cristo. Cuando das el primer paso en obediencia, Dios te sustenta, te apoya y te respalda.

Te preguntas, *¿Tengo que decirle personalmente "Perdóname. Yo te perdono."?* No necesariamente. Si tienes la oportunidad de hacerlo, aprovéchala y déjale saber el dolor que te causó. Si no la tienes, no te atribules. Sólo declara la palabra de perdón y bendición, actúa en paz y amor, y cree por fe en Jesús que ha sido hecho. Te preguntas, *¿Cuándo sabré con certeza que he perdonado?* Tú perdonaste por fe en el momento en que lo confesaste de corazón. Desde ese instante te mantienes firme y repitiendo a ti misma *"Gracias Padre porque yo lo perdoné".* Ahora, luego de la confesión de perdón viene el proceso de sanidad en tu interior. Tienes que sanar y la sanidad es progresiva, toma tiempo. Sin embargo, el tiempo que tome va a depender de ti, de tus acciones, de tus decisiones, y de lo que declaras por tu boca. Si te llenas de la Palabra de Dios y la obedeces, si vives lo que Dios dice, si declaras lo que Dios dice con autoridad, si te esfuerzas cada día por ser mejor persona y por crecer en la sabiduría de Dios, si con valentía sales hacia adelante cada día, y si te propones ser de bendición a los que te rodean, sanarás más pronto de lo que puedas imaginar. Sabrás que has sanado cuando puedas recordar el daño que te causó sin dolor, sin coraje, sin llanto, sin pena, ni autocompasión.

Te preguntas, *¿Qué hago si la persona no quiere recibir mi perdón?* Tú ya cumpliste con tu parte que menciona la Biblia. Si tú pediste perdón y la persona no te aceptó, es un problema ya no tuyo sino de él o ella con Dios. Si tú perdonas, Dios también te perdona, pero si no perdonas, Dios tampoco te perdona a ti. Nota la importancia del perdón, que el mismo Jesús en el modelo de oración que enseñó a sus discípulos dijo: *"Perdona nuestras ofensas como también nosotros perdonamos a los que nos ofenden…"*

… Allí en mi cama, tuve que comenzar a pedir perdón en mi mente porque no podía hablar. Trataba de hablar, pero las palabras no salían. Literalmente el dolor me ahogaba, pero no por eso me detuve. Yo sabía que tenía que decirlo hasta que se hiciera real en mí. Continúe repitiendo en mi mente una y otra vez *"Señor, perdóname. Yo lo perdono".* Y así continué hasta que poco a poco pude hablarlo. Comenzaba a salir sonido de mi boca. Al principio era indescifrable, pero luego podía repetirlo claro y audible.

Yo perdoné en total obediencia a la Palabra de Dios y confiada en que a causa de mi obediencia, le troncaría el plan al diablo de desmoronarme, y desataría la bendición de Dios en mi vida. Mi ex-esposo y yo tuvimos una relación agridulce que llegó a ser cíclicamente enfermiza e irracional. Desde su inicio comenzó mal y siempre lo supe. Ambos intentamos salir de la relación en muchas ocasiones, pero ninguno de los dos tuvo la autodeterminación y el dominio propio suficiente para lograrlo permanentemente. La frase *"todo el mundo merece una segunda oportunidad"* ya se había convertido para nosotros en la oportunidad número mil tal vez.

Todo acabó definitivamente y sin la más remota posibilidad de intentarlo por milésima vez cuando él se enamoró de una de sus compañeras de canto en el ministerio de alabanza y adoración de la iglesia. Antes de descubrirlo, mi espíritu siempre se inquietaba cuando ella estaba cerca. Yo podía percibir que ella sentía algo más que una amistad por él. Su forma de hablarle y mirarle cada vez me convencía más de mi percepción. Sin embargo, no creía que él le correspondería. Yo pensaba que él se daba cuenta de todo, pero no le interesaba conocer más a fondo. De hecho, yo creía que durante aquel periodo estábamos viviendo la mejor etapa de nuestra relación. Pero al poco tiempo, la realidad fue otra. Doce días después del divorcio, la verdad salió a la luz.

"Porque no hay nada oculto que no haya de ser manifestado; ni escondido, que no haya de salir a luz."
Marcos 4:22

Comprobar la verdad luego del divorcio fue como si hubiese recibido un golpe sobre la herida que aún no estaba sana. Era llover sobre mojado. Volví a sentir como si algo dentro de mí se hubiese desgarrado. Era incontenible el llorar con desespero, dolor, ansiedad y frustración. Era un dolor que otra vez se hacía más fuerte con cada gemido. Mi corazón latía a una velocidad tan fuerte que estremecía mi cuerpo. Mis manos temblaban y mis pies flaqueaban. Sentía que mi cuerpo estaba frío por dentro. Me dolía en mi estómago. Sentía la desilusión y la vergüenza sobre los párpados de mis ojos. No podía contener sentir coraje. Me sentía engañada, ingenua y tonta. No paraba de llorar y gemir. Pero aun así, reaccioné al sentirme descontrolada y me compuse, asumí autoridad en

Cristo una vez más y perdoné. Más adelante, en una reunión de confrontación que la junta de la iglesia llevó a cabo, tuve la valentía de pedirles perdón y les dije que los había perdonado. Honestamente, en mi carne no quería hacerlo, pero decidí obedecer a mi espíritu. Ellos permanecieron en silencio, pero aun así yo recibí en ese mismo instante el bálsamo que necesitaba. Luego de eso, a ella la veía semanalmente en la iglesia. Por varios meses declaré al verla *"Padre, gracias porque yo la perdoné y tú me ayudas a sostenerme en tu Palabra. Yo la bendigo en el nombre de Jesús."*. Hoy día, completamente sana de aquel dolor, los bendigo en el nombre de Jesús y oro para que permanezcan en Cristo por siempre.

PASO 4: Mantente Firme

Has tomado la decisión y has dado los primeros pasos de fe. Ahora tienes que mantenerte firme en lo que Dios te ha dicho. Hecha fuera la autocompasión y el *"Ay, bendito yo…"*, o bien la *máscara de extrema felicidad*. Antes de sentir lástima de ti y pensar que nadie en el mundo ha atravesado un dolor tan fuerte como el tuyo, piensa en tantas mujeres, tal vez hasta cercanas a ti, que están atravesando o atravesaron por circunstancias mucho más difíciles, complejas, y comprometedoras que la tuya y salieron hacia adelante. Elimina de tu vocabulario que lo que te pasó fue una *"prueba que*

Dios te puso en el camino" o que *"Dios lo hizo con un propósito".* Tú no viviste una "prueba", simplemente viviste las consecuencias de tus decisiones y las de tu ex-esposo. Yo tomé muchas decisiones dirigidas por emociones y no por la razón. Eso me costó todo el sufrimiento y dolor que pasé. En una ocasión mi espíritu me dijo en mi interior de una manera tan clara y firme que no me casara con mi ex-esposo; sin embargo, no hice caso y me casé. Fui desobediente. Si hubiese obedecido a mi espíritu, me hubiese evitado mucho sufrimiento. Seguramente, tú también habrás visto señales o recibiste consejo en tu espíritu para no hacer o decir algunas cosas, pero lo ignoraste.

La obediencia a Dios es un asunto serio. La desobediencia te separa de Dios y es el pie de entrada a las maquinaciones del diablo en tu vida. Yo fui muy desobediente al haberme casado aun después de que el Espíritu Santo me reveló tan claramente que no lo hiciera. Esa desobediencia desató mucha angustia y sufrimiento a partir de las decisiones y sucesos acontecidos. Si no hubiese elegido llenarme cada día más de la Palabra de Dios, hubiese acabado como tantas cientos de mujeres que son internadas en hospitales psiquiátricos, que no logran salir de la tristeza profunda y que permanecen toda la vida en depresión y bajo medicamentos. Además, hubiese cerrado yo misma la puerta a la oportunidad de conocer al hombre tan maravilloso que es mi esposo hoy día. Hubiese alejado a mis seres queridos porque no soportarían la negatividad y la amargura que tendría. Por otro lado, de algo que sí estoy muy segura es que mi esposo jamás se hubiese fijado en mí si yo hubiese estado eternamente depresiva. Él es una persona sana emocionalmente, positiva, feliz y le cree a Dios con todo su corazón. Haber estado con una mujer sumergida en la depresión, lo hubiese marchitado, amargado y despintado su hermosa sonrisa y sentido del humor.

Gracias a que pedí perdón a Dios por mi desobediencia y decidí fortalecerme en él, nada de eso me aconteció. Ahora, podrías estar pensando *"a pues todo ese sufrimiento que pasó obró para su bien. Dios lo permitió con un propósito para su vida".* Muchas personas suelen decir esto repetitivamente (como el papagayo) basándose en la escritura Romanos 8:28:

"Y sabemos que a los que aman a Dios, todas las cosas les ayudan a bien...."

Sin embargo, esa escritura en su contexto de lo que habla es de **intercesión**. Veamos Romanos 8:26-28:

*"Y de igual manera el **Espíritu nos ayuda en nuestra debilidad** [Él es nuestro Consolador, Juan 14:26]; pues qué hemos de pedir como conviene, no lo sabemos, pero **el Espíritu mismo intercede por***

nosotros [el Espíritu ora a Dios por nosotros] *con gemidos indecibles. Mas el que escudriña los corazones* [Dios] *sabe cuál es la **intención del Espíritu*** [el Espíritu jamás orará en contra de lo que dice la Palabra de Dios], *porque **conforme a la voluntad de Dios intercede por los santos*** [La buena voluntad de Dios es agradable y perfecta, Romanos 12:2. *Santos* somos todos los que nos hemos separado para Dios]. *Y sabemos que a los que aman a Dios, todas las cosas* [que el Espíritu ora según la buena voluntad de Dios] *les ayudan a bien, esto es, a los que conforme a su propósito son llamados.*"

Nota que la voluntad de Dios para mi vida no era que atravesara por sufrimiento y dolor para que luego entonces tuviera la felicidad que tengo ahora. ¡Tampoco es la voluntad de Dios para contigo! Dios siempre quiere que sea feliz y esté bien porque su voluntad para mi vida es agradable y perfecta. ¡También lo es para la tuya! Incluso, Él me previno del dolor futuro al revelar a mi espíritu que no me casara. Yo elegí no hacerle caso y Dios lo permitió porque con mi voluntad o libre albedrío YO DECIDO si le obedezco o no. Entonces, *¿me castigó Dios por haberle desobedecido?* NO, de ninguna manera. Me "castigué" yo misma con mis decisiones. Debes tener claro una realidad muy importante: **TODAS** tus decisiones **TIENEN** consecuencias. Las consecuencias no desaparecen, sino que tienes que afrontarlas. Algunas decisiones tendrán consecuencias buenas para tu vida y otras no tan buenas. Y cualesquiera que sean las consecuencias de tus decisiones, tienes que entenderlas, asumirlas y manejarlas responsable y saludablemente, por el bien tuyo y el de los involucrados. Cuando reconocí todo lo que mi desobediencia causó, tuve que pedir perdón a Dios por haberle desobedecido. Le busqué de todo corazón, me amparé en lo que dice su Palabra y me restauré en Él.

Por otro lado, decir que Dios "hace todo con un propósito" es decir que Dios fue el autor intelectual de la razón de tu divorcio y de tu dolor. Si toda buena dádiva y todo don perfecto viene de Dios, del Padre de las luces, entonces, ¿cómo puede ser que ese mismo Dios te haya causado tal dolor? ¿Cómo es posible que no concebimos que alguien golpeé a un niño para que aprenda una lección; sin embargo, sí creemos que nuestro Padre Celestial nos envía calamidades para moldear nuestro carácter? Medita en esto por un momento: ¿Mancillarías la autoestima de tu hijo hasta que se sienta humillado, desconsolado, y desarmado para enseñarle a ser fuerte? Si tú no lo harías siendo humana, ¿cómo puedes creer que nuestro Padre, siendo Dios y amor, lo hace con sus hijos? Pensar de esta manera denota desconocimiento de Dios y su Palabra. Dice Oseas 4:6 que *"mi pueblo* [el pueblo de Dios] *fue destruido* [sus propias acciones los llevaron a su destrucción], *porque le faltó conocimiento*

[conocimiento acerca de Su Ley, la Palabra de Dios]".

Es necesario que comprendas que **DIOS ES BUENO TODO EL TIEMPO. ÉL ES UN PADRE BUENO.** Nada malo que acontece en la vida de los que le aman lo envía Dios. ¡DIOS ES AMOR! (1 Juan 4:8, 16). Por un lado, algunas de las cosas que nos suceden no las podemos controlar y simplemente llegan a nuestra vida como causalidad de vivir en este mundo, en el cual Jesús dijo que encontraríamos aflicción (Juan 16:33). Y por otro lado, otras cosas que nos suceden son provocadas por nosotras mismas como resultado de: malas decisiones, callar ante el maltrato y las injusticias, desproteger el matrimonio y la familia, no orar por el esposo y los hijos, apartarse de Dios, darle cabida a las obras del diablo, entre otras. De una u otra forma, las adversidades vendrán, pero es nuestra actitud ante ellas y nuestras decisiones las que hacen la diferencia.

"Toda buena dádiva y todo don perfecto viene de lo alto, desciende del Padre de las luces, con el cual no hay cambio ni sombra de variación."

Santiago 1:17

"Alabad a Jehová, porque él es bueno; Porque para siempre es su misericordia."

"Amado, no imites lo malo, sino lo bueno. El que hace lo bueno es de Dios; pero el que hace lo malo, no ha visto a Dios." 3 Juan 1:11

"... Estas cosas os he hablado para que en mí tengáis paz. En el mundo tendréis aflicción; pero confiad, yo he vencido al mundo."

Juan 16: 33

"... Confíen a Dios todas sus preocupaciones, porque él cuida de ustedes. Tengan dominio propio y manténganse alerta. Su enemigo el diablo anda por ahí como un león rugiente buscando a quién devorar. Resistan al diablo y mantengan firmemente la fe."

1 Pedro 5:7-9

Ten cuidado con lo que escuchas, lo que lees y lo que hablas. Lo que escuchamos tiene un efecto casi inmediato en nosotras. Haz la prueba. Si escuchas una música alegre, tu rostro se relaja, aparece una sonrisa y tus pies comienzan a dar puntadas, deseosos por bailar. Pero si escuchas una música triste, tu rostro por el contrario se tensa, te pones seria y melancólica. Entonces comienzas a tener recuerdos tristes y a pensar en lo que fue y en lo que pudo ser. De igual manera, si escuchas programas de radio o televisión chabacanos, o si lees libros que contradicen la Palabra de Dios, en nada te edificas. En nada contribuyen a tu desarrollo como ser humano y crecimiento espiritual. Debes comprender que para mantenerte firme en lo que Dios te ha dicho, tienes que mantener tu fe con el tanque lleno. Y tu fe sólo se alimenta con el oír y el oír de la Palabra de Dios.

"Es, pues, la fe la certeza de lo que se espera, la convicción de lo que no se ve.

Hebreos 11:1

"Así que la fe es por el oír, y el oír, por la palabra de Dios."

Romanos 10:17

Capítulo 4

Consejos Prácticos para que te Mantengas Firme en Él

Lleva a cabo las siguientes actividades en todo tiempo, en especial cuando tu mente genere mil pensamientos por segundo o recuerdos del pasado, o cuando de repente comiences a llorar, o cuando un olor o un lugar te traiga algún recuerdo, o cuando no puedas comer, o cuando no puedas dormir, o cuando no puedas concentrarte en el trabajo o estudio, o cuando no quieras salir, o cuando sólo quieres dormir. Si llevas a cabo estos consejos prácticos podrás resistir el día malo y mantenerte firme.

1) **Ora.** Orar significa hablar con Dios. Humildemente y honestamente habla con Dios todo el tiempo.

2) **Lee la Biblia. Medita en la Palabra.** Sólo conocerás a Dios a través de su Palabra, y su Palabra se hará realidad en tu espíritu sólo cuando meditas en ella.

3) **Canta alabanzas.** Alaba y adora a Dios en tu auto, en el trabajo, y en tu casa, por medio de una canción de alabanza y adoración. Mantendrás tu mente ocupada,

mientras declaras Palabra de Dios y te edificas.

4) **Lee libros que aumenten tu fe en Cristo y fortalece tu autoestima**. Libros como éste que he escrito para ti, te ayudan a tener esperanza, a perseverar en Cristo, a creer en ti, y a sanar. Es importante que recuerdes que eres una Princesa de Dios y como tal debes vivir y actuar. ¡Eres bella, única e irrepetible!

5) **Ayuna**. El ayuno te ayuda a solidificar tu fe en Dios y tu comunión con su Espíritu Santo.

6) **Intercede**. Interceder es orar por otras personas o situaciones. En aquellas noches en que no podía conciliar el sueño, me sentaba en la cama y comenzaba a interceder. Me gusta mucho como Joy Dawson en su libro titulado *Intercesión*, explica la importancia de orar por los demás. Uno de los ejemplos que expone es tomado de Job 2:11-13, donde tres amigos de Job, al ver la desgracia y el sufrimiento que le acontecía, lloraron a gritos, se lamentaron, se sentaron en silencio junto a él por siete días, y lo juzgaron mal, añadiendo así más angustia a Job. Si los amigos de Job hubiesen intercedido por él antes y durante la aflicción, entonces hubiesen sido sensibles a la voz de Dios y

Dios les hubiese dirigido mediante el Espíritu Santo para que dieran a Job el consejo correcto que aliviara su angustia. ¡No tienes idea de cuántos peligros puedes librar a los demás mediante tu intercesión!

7) **Congrégate.** Asiste a una iglesia para que recibas enseñanza acerca de las Escrituras y para que compartas con personas que son afines en Cristo. Además, allí pueden ofrecerte consejería para ayudarte en el proceso de sanidad.

8) **Asiste a retiros, vigilias y actividades de tu iglesia o de otras iglesias.** Mantente activa, buscando siempre estar la mayor parte del tiempo ocupada y llenándote de experiencias en Cristo. Mi madrina y consejera espiritual, Carmen Ana, muy sabiamente dice: *"una mente ociosa, es terreno fértil para el diablo".*

9) **Ya no cuentes más por lo que atraviesas.** Contar tu historia y el dolor por el cual estás atravesando puede alargar tu proceso de sanidad; además, puede hacerte recaer a causa de malos consejos. Por el contrario, pide al Espíritu Santo que te muestre en tu espíritu a una persona de buen testimonio y con la sabiduría de Dios para que te escuche, te aconseje en lo que sanas del divorcio, y más importante aún, que interceda por ti. No hables tus cosas

con cualquier persona. Cualquier persona no merece que le abras tu corazón. La realidad es que nunca llegamos a conocer en verdad lo que hay en el corazón de las personas con las que nos relacionamos. Y a veces, hasta con la mejor intención, nos dan el peor de los consejos. Si el consejo, sin importar si viene de tu mejor amiga o de un líder de tu iglesia, desmiente la Palabra de Dios, entonces échalo fuera. Debes aprender a desoír los falsos consejos, que disfrazados de humanidad, contradicen la Palabra de Dios.

10) **Si tuviste hijos con él, mantén una relación cordial por el bienestar de tus hijos.** Tus hijos no tienen la culpa de lo que está pasando. Muéstrales tu amor y apoyo en todo momento. Háblales del amor de Dios hacia ellos. Ora con ellos. Abrázalos y pregúntales cómo se sienten. Escúchalos. Nunca les hables mal de su papá; todo lo contrario, dile que ustedes están atravesando un proceso difícil, pero que eso en nada borrará el amor que ambos sienten por ellos. Recuérdales que siempre van a estar ahí cuidando de ellos y que no les va a faltar nada. Nunca seas un obstáculo entre tus hijos y su padre. A la larga, la que sale perdiendo eres tú.

11) **Evita los recuerdos**. No vayas a lugares que te traigan recuerdos tristes, ni busques ver el álbum de la boda, ni pases en la noche por su casa, ni entres a ver su *Facebook*... En fin, **EVITA EL DOLOR DE RECORDAR**. Por el contrario, crea nuevos recuerdos en qué pensar. Por ejemplo:

    a. **Remodela tu casa**. Si te es posible, vende todos tus muebles y cómpralo todo nuevo. Si no te es posible, por lo menos cambia el color de las paredes, pon nuevas cortinas, remueve los cuadros de fotos en los que aparece él, compra nuevas sábanas de cama y desecha hasta la ropa que te recuerde a él. OJO: Si tuviste hijos con él, no remuevas del cuarto de tus hijos lo que les recuerda a su padre porque él se divorció de ti y no de tus hijos.

    b. **Comparte con amigas y/o con tus hijos**. Vayan de paseo por la ciudad. O prepara un almuerzo o cena en tu hogar e invita a tus seres queridos a pasar un rato ameno y divertido contigo. Ve a la playa, al parque, al gimnasio, a clases de aeróbicos, clases de tenis, clases de salsa... Organiza un viaje a un lugar al que nunca hayas ido y te mueres por ir. Despéjate.

   c. **Reemplaza los recuerdos por la Palabra de Dios.**

12)**No dejes de comer.** Puede pasarte que has perdido el apetito completamente, pero aun así no dejes de comer. A mí me pasó, por comer tan poco, que en un mes y medio aproximadamente bajé ocho tallas. Comía poco, pero nunca dejé de comer. Aunque no tengas hambre y la comida te dé náuseas, oblígate a desayunar, almorzar y cenar. Así sólo pruebes tres cucharadas de comida y lo retires, pero al menos echas algo de comida en tu estómago. Cuando no comemos, nos debilitamos y cuando nos sentimos débiles no queremos levantarnos de la cama, ni salir, ni hablar con nadie, ni orar, ni alabar, ni ir a la iglesia, y eso es ser presa fácil para el diablo y la depresión. Por otro lado, puede ser que en vez de no comer, te suceda que comas en exceso. Si este es tu caso, igualmente es un extremo peligroso que debes evitar porque subirás de peso y esto podría lacerar tu autoestima, al notar que tu ropa te queda ajustada y que tal vez ya no puedes realizar las actividades físicas que acostumbras. Además, considera las consecuencias perjudiciales para la salud que provoca el no llevar una dieta saludable, como lo son: diabetes, hipertensión, colesterol elevado, alta presión, entre otras. Así que evita tanto el no comer como el comer en exceso. Ambos extremos son perjudiciales para tu salud.

13) **Despréndete del pasado.** Ya lo que fue no es. Ahora tienes que afrontar que tu estilo de vida ha de cambiar. Me gusta mucho esta línea de pensamiento del conocido experto en motivación y liderazgo, John C. Maxwell: *"No podemos deshacer nuestro pasado, pero sí podemos reprogramarnos con experiencias nuevas... Tenemos un control muy limitado sobre lo que experimentamos, pero sí tenemos control completo sobre nuestras actitudes".* La actitud que asumas ante las situaciones y sentimientos que experimentas, determinará si avanzas, te estancas o si vas hacia atrás en el proceso de sobreponerte al divorcio. Tal vez ahora tendrás que distribuir tu dinero de una manera diferente a como lo hacías antes, o tendrás a tu cargo todas las tareas del hogar, o la mayor responsabilidad sobre el cuidado de tus hijos recaerá sobre ti. Y otras tantas cosas más que sin duda alterarán el ritmo de vida que llevabas. Esto es normal. No tengas miedo a los cambios. El miedo te paraliza, te hace insegura,

vulnerable, co-dependiente de personas o medicamentos, y emocionalmente inestable. Por tu bienestar emocional, lo mejor es que asumas compostura y una actitud positiva, dejes atrás el pasado y la pasada manera de vivir, y te enfoques en vivir dirigida hacia lo que tienes que hacer ahora para garantizar tu bienestar y el de tus hijos.

En una ocasión luego de mi divorcio, llegué a pensar que no podría pagar la hipoteca de mi apartamento, así que consideré poner en alquiler una de las habitaciones. Puse esa inquietud en oración y en mi espíritu recibí esta palabra: *"No hará falta porque tu Padre, el dueño del oro y la plata, te sustenta"*. Entonces permanecí quieta y esperé en el Señor. Puedo decirte que el dinero me rendía como nunca antes. No sé cómo el Señor lo hizo, pero el dinero era suficiente para diezmar, ofrendar, pagar todas mis deudas y aun me sobraba para bendecir a otros, complacer los anhelos de mi corazón y hasta los antojitos. Dios es fiel.

"Mía es la plata, y mío es el oro, dice Jehová de los ejércitos."

Hageo 2:8

"Porque tú confiaste en el SEÑOR e hiciste que el Altísimo fuera tu protección. Nada malo te sucederá, no ocurrirá ningún desastre en tu casa; porque él dará orden a sus ángeles para que te protejan a dondequiera que vayas. Ellos te levantarán con sus manos para que ninguna piedra te lastime el pie."

Salmo 91:9-12 (PDT)

La llegada de días festivos como la Navidad y el Día del Amor y la Amistad, pueden ser difíciles de sobrellevar a causa de los recuerdos y las emociones que están a flor de piel. Tienes que ser muy fuerte. Hay que perseverar en la Palabra y dominar los pensamientos hasta el fin. Somos lo que pensamos. Evita estar mucho tiempo sola en esos días. El apoyo y la compañía de tu familia y amistades te ayudarán a atravesar mejor esa etapa. Podría pasarte que en plena fiesta de Navidad, estén todos abriendo regalos y tú estés pensando en que ya no quieres estar ahí, y sólo quieres estar sola en tu casa, sobre tu cama llorando y recordando. Esto es normal, pero evítalo. No le des rienda suelta a las emociones. Ten dominio propio. Permanece el más tiempo que puedas en compañía o entretenida.

14) **Mantener o no el contacto.** Luego del divorcio, hay mujeres que pueden mantener comunicación con sus ex-parejas sin que les cause dificultades emocionales o les entorpezca el proceso de sanidad. Creo que eso tiene que ver con la madurez de las partes, la forma en que la relación se condujo a lo largo de la misma, y los términos en que acabó. Cuando se termina con una relación que fue posesiva, sufrida, dolorosa, y/o hubo maltrato físico y emocional, infidelidad, y dependencia total o parcial de una o ambas partes, lo mejor es terminar con toda atadura emocional y física de raíz, radicalmente. No verle ni hablarle. Romper tajantemente todo ciclo vicioso y dominar completamente las emociones. Por otro lado, si tienes hijos con él, es imposible que puedas cortar la comunicación de raíz y para siempre, pero sí puedes hablarle lo estrictamente necesario y sólo sobre asuntos que atañen a tus hijos. Si hay alguna orden judicial y eres asistida por la policía o alguna entidad dedicada al bienestar de la familia y la mujer, entonces no lo pienses dos veces y coopera con dichas autoridades. No busques excusas ni uses a tus hijos como pretexto para verlo o llamarlo. Eso sólo te ocasionará más dolor y prolongará tu

proceso de sanidad. Una alternativa viable, sólo si es prudente dentro de tu situación particular, es pedirle a un familiar tuyo, de confianza, que sea intermediario entre él y tú cuando se trate de tus hijos en lo que sanas. Por ejemplo: en vez de que él vaya a tu casa a recoger a tus hijos por el fin de semana, que pase a recogerlos a la casa de tus padres. Recuerda: No debes privar a tus hijos de su padre, ni alentarlos para que no le busquen y lo odien. No es saludable para ellos, ni para ti.

15) **Termina la Guerra.** Mantener viva la zona de combate sólo disminuirá las fuerzas para reconstruir tu vida. Asume la responsabilidad de tu vida, de tu casa, de tus hijos y de tu futuro. *"Apártate del mal, y haz el bien; Busca la paz, y síguela" Salmos 34:14.* Suelta el pasado y toma las riendas de tu futuro.

16) **Deja de sentirte responsable por tu ex-esposo.** Tú eres responsable por lo que puedes controlar; o sea, por tus decisiones y acciones, pero no por las decisiones y acciones de los demás. Tampoco le tengas pena, mas sí compasión porque el divorcio también es un proceso difícil para él, no importa la razón por la cual se hayan divorciado. Reconoce la diferencia entre la pena y la compasión. La *pena* es dolor,

aflicción, tormento o sentimiento interior grande. La *compasión* es empatía, conmiseración y lástima por quienes sufren penalidad o desgracias. Sé compasiva, porque Dios nos llama a tener compasión por las almas. Ora a Dios para que lo ayude a restaurarse como te está ayudando a ti y para que su alma no se pierda, sino que reconozca que Jesucristo es el Señor.

17) **No Desesperes, sé Paciente**. Sanar toma tiempo. No existe varita mágica ni remedio instantáneo que sane tu corazón. Aprendí en un libro que leí de John C. Maxwell que las personas que buscan "atajos" para sanar, normalmente en cuanto sienten alivio, dejan de trabajar con las verdaderas razones de su dolor. Ese alivio que sienten es momentáneo y superficial, pero piensan que es permanente. En cualquier momento y a la menor provocación, explotan las emociones, llega el desequilibrio y la depresión. Por otro lado, las personas que trabajan de la forma correcta desde un principio y progresivamente con las situaciones que producen su dolor, logran sanar y sobreponerse por completo desde la raíz y hasta más pronto que las personas que no lo hacen.

Aprendí de Jim Smoke en su libro *Cómo*

crecer por el Divorcio que el divorcio es la muerte de la relación; por lo tanto, merece un periodo justo de duelo y luto. Llorar es bueno y sanador dentro de ese periodo porque así eliminas el exceso de adrenalina y noradrenalina que genera tu cuerpo cuando está en estrés; lo cual te ayuda a desahogar, liberar emociones, aliviar el estrés y pensar con claridad. Eso no significa que vas a dar rienda suelta a tus emociones y te la pasarás llorando todo el día en todas partes. No, ese es un extremo peligroso. Llora cuando así lo necesites, pero comedidamente en tu aposento privado. Será reconfortante y saludable.

No existe un antídoto rápido para el divorcio. Así que durante el proceso de sobreponerte, aprovecha y establece nuevas metas o retoma las que habías dejado incumplidas, lleva a un nivel más alto la relación con tus hijos, madura, reinvéntate, conoce más de ti, autoevalúate, e identifica las áreas de tu vida en las que necesitas mejorar. Puedes hacer el siguiente ejercicio como guía en este proceso: toma papel y lápiz, y traza tres columnas. En la primera columna vas a escribir esos valores y cualidades que tú posees y que no estás dispuesta a suprimir en tu vida (Ej.:

honestidad, respeto, asistir a la iglesia, etc.). En la segunda columna, escribe las debilidades y los aspectos de tu personalidad que necesitan ser modificados para tu beneficio emocional y funcional (Ej.: celos, gritería, coraje, etc.). Y en la tercera columna, define cómo vas a trabajar cada uno de los mencionados en la columna dos (Ej: coraje → Voy a buscar en la Biblia lo que Dios dice acerca del corajudo y sujetarme a la Palabra. Voy a Buscar ayuda en un centro para el manejo del coraje). Presenta en oración cada una de las áreas a mejorar y pide a Dios que te ayude a trabajarlas correctamente. No obstante, ten siempre presente que la responsabilidad de mejorar es tuya y depende de tu esfuerzo. Dios te ayudará a lograr todo lo que tú te propongas y te esfuerces en hacer.

Ten cuidado con aquellos hombres mal intencionados que te agasajan con palabras bonitas y detalles con el sólo propósito de endulzarte el oído y llevarte a la cama. Lamentablemente, esos hombres ven a la mujer divorciada como un objeto sexual fácil de convencer. Esos hombres manipuladores y sin escrúpulos, saben que estás atravesando un momento emocionalmente frágil, y buscan sacar ventaja de la situación. ¡Guárdate! ¡Guarda tu corazón! ¡Guarda tu cuerpo! Tú vales mucho para Dios, al punto que la sangre de su único Hijo fue derramada por la salvación de tu espíritu.

No te envuelvas en una nueva relación amorosa sin antes haber concluido el divorcio y haber sanado. He leído de expertos en el tema que primero tienes que sanar y desarrollar las habilidades básicas para establecer relaciones sanas. Eso que dicen por ahí "un clavo saca a otro clavo" es una vil falacia. Si no has cerrado ese capítulo de tu vida llamado divorcio, ni has sanado, lo que haces es llevar todos los errores y la frustración de la pasada relación a las subsiguientes. De igual forma, podrías acabar reincidiendo en situaciones, hábitos y comportamientos que te hirieron en el pasado. Un buen ejercicio, que te ayudará a poner en justa perspectiva la relación con tu ex-esposo y evitar futuras reincidencias, es identificar las cualidades que anhelas en el hombre con quien quieres vivir para toda la vida. Y para esto, vas a utilizar como base el listado que hiciste anteriormente con tus cualidades y áreas de oportunidad.

Toma papel, lápiz y traza tres columnas. En la primera columna vas escribir las cualidades de tu ex-esposo que te hicieron sentir verdaderamente bien (Ej.: trabajador, cariñoso, buen padre, etc.). En la segunda columna vas a escribir aquellos defectos de tu ex-esposo que te hicieron sentir verdaderamente infeliz (Ej.: mentiroso, sin temor a Dios, violento, etc.). Todas las características que escribiste en esta segunda columna definitivamente **no pueden ser parte de la personalidad de la nueva persona que venga a tu vida.** Compartir nuevamente con una persona que posea estas cualidades, sencillamente te hará nuevamente infeliz. Ahora, en la tercera columna vas a escribir las características o cualidades que anhelas en un nuevo compañero. Para que este listado sea lo más realista posible, elige cualidades compatibles con tu personalidad. Por ejemplo: si para ti la puntualidad es sumamente importante, entonces unirte a una persona que no le dé importancia a la puntualidad podría traer diferencias irreconciliables. Utiliza como punto de partida el listado de tus cualidades y el listado de las cualidades de tu ex-esposo. Recuerda, sé realista. No existe el ser humano perfecto. Identifica esas características que no estás dispuesta a negociar e inclúyelas también en esta tercera columna (Ej.: que ame a Dios y viva su Palabra, trabajador, buen padre, etc.). Esta tercera columna te servirá como un "filtro de la personalidad" en el momento en que comiences a compartir con un potencial candidato a enamorarse. Utilízala y literalmente marca con una "x" las cualidades que le apliquen a esa nueva persona. Puedes identificar un porciento de aceptación. Por ejemplo: si esta nueva persona cumple digamos con el 80% o más del total de las cualidades de tu lista (cumple con 8 de 10 cualidades en la lista = 80%), entonces este chico es bastante compatible con lo que estás buscando y tal vez vale la pena conocerlo un poco más. Esto es sólo una guía, una herramienta, que debes utilizar con juicio y la razón.

No te apresures ni permitas que algún hombre te haga sentir presionada o apresurada para entrar en una relación. Advierten los expertos que estar preparada para entrar en una nueva relación toma en promedio de 18 a 24 meses a partir del divorcio. Sé prudente. Permite que el mismo Espíritu Santo de Dios revele a tu espíritu cuando estés lista para entrar en una nueva relación. Si tienes hijos, por favor cuida de no aferrarte a tus hijos de tal manera que te suprimas como mujer. O por el contrario, cuida de no presentarles un compañero nuevo cada mes. Tienes que lograr un balance; una vida balanceada para que te sientas completa y feliz.

Capítulo 5

Mi Bendición

Querida lectora; lo que te he compartido en este libro yo lo he vivido y experimentado. Nada lo he inventado o lo he tomado prestado de historias de otras personas. He abierto mi corazón ante ti para que creas que el divorcio es una circunstancia pasajera y que con tu determinación, esfuerzo y Cristo, te puedes sobreponer y salir hacia adelante. Esto es bien importante para que desates la bendición de Dios en tu vida. Yo desaté la bendición de Dios en mi vida al decidir sobreponerme en Él y obedecer su Palabra. Una de las mayores bendiciones que Dios me ha dado es mi actual esposo Mario. Recuerdo que tres meses luego del divorcio, durante un viaje que hice a Italia para despejarme, hice una lista de las características que anhelaba en el nuevo compañero que quería para vivir junto a él toda mi vida. ¡Hice una lista de 15 características y Mario las cumple todas!

Mario y yo trabajábamos en el mismo lugar. Era un hombre soltero que había atravesado un divorcio y sin hijos. Yo tampoco tuve hijos con mi ex-esposo, aunque amaba al suyo con todo mi corazón. Un día, en el pasillo de la oficina, Mario me comparte que le habían diagnosticado cáncer en el cerebro y que le quedaban de 3 a 6 meses de vida. Mientras me contaba acerca de los síntomas que sentía y todos los detalles de la enfermedad, yo sentía un caliente en todo mi interior, mi corazón latía más fuerte y una voz desde mi interior me decía *"Ora por él"*. La voz era tan autoritaria y persistente dentro de mí, que apenas podía escuchar lo que Mario me estaba contando. Entonces le dije a Mario: *"Vamos a orar. Si tú lo crees, Cristo te puede sanar"*. Oramos y al cabo de una semana, me cuenta que en el último estudio que le hicieron no apareció rastro de cáncer. El Señor Jesucristo lo había sanado. Desde ese momento comenzamos a compartir más a menudo hasta que llegó esa tarde, mientras tomábamos un café, en la que Mario me dijo que estaba enamorado de mí. Nos hicimos novios y al cabo de 3 meses me propuso matrimonio en la parte más alta de la Torre Eiffel en Paris, Francia. A los 10 meses del compromiso, nos casamos. ¡Tuvimos una ceremonia de matrimonio hermosa! Yo nunca antes había tenido una fiesta de bodas. La primera vez que me casé no utilicé vestido de novia, no hubo invitados ni fiesta. Mario me regaló una boda de ensueño. Me trata como a una reina, pero aun más importante: ama a Dios con todo su corazón. Desde entonces vivimos felizmente casados. Dios nos ha bendecido en gran manera a uno con el otro.

"Confía en Jehová con todo tu corazón y no te apoyes en tu propia prudencia. Reconócelo en todos tus caminos y él hará derechas tus veredas. No seas sabio en tu propia opinión, sino teme a Jehová y apártate del mal, porque esto será medicina para tus músculos y refrigerio para tus huesos. Honra a Jehová con tus bienes y con las primicias de todos tus frutos; entonces tus graneros estarán colmados con abundancia y tus lagares rebosarán de mosto."

Proverbios 3:5-10

"Ciertamente olvidarás tus pesares, o los recordarás como el agua que pasó. Tu vida será más radiante que el sol de mediodía, y la oscuridad será como el amanecer."

Job 11:16-17(NVI)

"No tengas miedo, porque no serás avergonzada. No te desanimes, porque no serás humillada. Olvidarás la vergüenza de tu juventud y no recordarás la humillación de tu viudez. Porque tu Creador es tu marido, su nombre es el SEÑOR Todopoderoso. El Santo Dios de Israel es tu Salvador..."

Isaías 54:4-5 (PDT)

Capítulo 6

Para Meditar

¿Por qué según tú, no recibes sanidad ni ninguna bendición de parte de Dios? He aquí algunas razones según la Biblia:

1) Porque no conoces la voluntad de Dios para tu vida, la cual ha sido expresada en la Biblia. Si lees la Biblia la conocerás. Oseas 4:6.

2) Porque no eres obediente a la Palabra de Dios, la cual ha sido establecida en la Biblia. Si lees la Biblia sabrás en qué acciones consiste tu obediencia. Proverbios 3.

3) Porque le das lugar al diablo cuando le entregas tu voluntad. Cuando decides dejarte llevar por el mundo y sus pasiones. Efesios 4:25-29.

4) Porque no asumes la autoridad que Dios te dio a través de Jesucristo, la cual ha sido descrita en la Biblia. Si lees la Biblia aprenderás cómo ejercer la autoridad que te ha sido dada. Efesios 1, Lucas 10:19.

5) Porque eres rebelde e irreverente. Has endurecido tu corazón y no has aceptado el sacrificio que Jesucristo hizo por ti y por la humanidad.

6) Porque has decidido no creerle a Dios ni el sacrificio que hizo su hijo Jesucristo. Aun viendo milagros y prodigios de Dios, le has dado la espalda. Tu incredulidad no permite que el poder de Dios sea manifestado en tu vida. Lucas 6:4-6.

7) Porque tienes una fe distorsionada, errónea o no tienes fe. Si lees la Biblia conocerás cómo es la clase de fe de Dios. Santiago 1:6-7, Marcos 11:22.

8) Porque tienes raíces de amargura, contiendas, pleitos y falta de perdón en tu corazón. Santiago 3:13-18, Hebreos 2:14-15.

9) Porque te atas con los dichos de tu boca, te maldices. Si piensas y hablas lo contrario de lo que Dios dice de ti, negatividad, así te sobrevendrá. Habla bendición y recibirás bendición.

10) Porque tienes falta de consagración con Dios; no oras, no lees ni estudias la Palabra de Dios que está en la Biblia, no te congregas, no ayunas, no diezmas, no le honras con tu alabanza y adoración.

11) Porque tienes falsos ídolos. Has entregado tu corazón a otros dioses e ídolos. Sólo hay un Dios que murió en la cruz y resucitó al tercer día. Se llama Jesús, quien subió al cielo con el Padre y nos dejó a su Espíritu Santo que habita dentro de los que han aceptado el sacrificio de Jesús.

12) Porque no has examinado tu vida ni te has arrepentido de tus ofensas a Dios.

Los que creen en Cristo son Templo de Dios

2 Corintios 6

14 No se asocien con los incrédulos formando una pareja desigual. ¿Acaso tiene algo que ver la rectitud con la maldad? ¿Tienen algo en común la luz y las tinieblas?

15 ¿Qué acuerdo puede haber entre Cristo y Satanás? ¿Qué relación entre el creyente y el incrédulo?

16 ¿Puede haber algo en común entre el templo de Dios y los ídolos? Pues nosotros somos templos de Dios viviente. Así lo ha dicho Dios mismo: Habitaré y caminaré en medio de ellos; yo seré su Dios y ellos serán mi pueblo.

17 Por tanto: Salgan de entre esas gentes y apártense de ellas, —dice el Señor—.

No toquen cosa impura, y yo los acogeré.

18 Seré padre para ustedes y ustedes serán mis hijos e hijas,

—dice el Señor todopoderoso—.

¿Cómo debe vivir el cristiano?

Hebreos 13

1 Ámense siempre los unos a los otros, como hermanos en Cristo.

2 No se olviden de recibir bien a la gente que llegue a sus casas, pues de ese modo mucha gente, sin darse cuenta, ha recibido ángeles.

3 Preocúpense por los hermanos que están en la cárcel y por los que han sido maltratados. Piensen cómo se sentirían ustedes si estuvieran en la misma situación.

4 Todos deben considerar el matrimonio como algo muy valioso. El esposo y la esposa deben ser fieles el uno al otro, porque Dios castigará a los que tengan relaciones sexuales prohibidas y sean infieles en el matrimonio.

5 No vivan preocupados por tener más dinero. Estén contentos con lo que tienen, porque Dios ha dicho en la Biblia:

«Nunca te dejaré desamparado.»

6 Por eso, podemos repetir con toda confianza lo que dice la Biblia:

«No tengo miedo. Nadie puede hacerme daño porque Dios me ayuda.»

7 Piensen en los líderes que les anunciaron el mensaje de Dios, pues ellos confiaron siempre en Dios. Piensen mucho en ellos y sigan su ejemplo.

8 Jesucristo nunca cambia: es el mismo ayer, hoy y siempre.

9 Por eso, no hagan caso de enseñanzas extrañas, que no tienen nada que ver con lo que Jesucristo nos enseñó. Esas reglas acerca de lo que se debe comer, y de lo que no se debe comer, nunca han ayudado a nadie. Es mejor que nos dé fuerzas el amor de Dios.

10 Los sacerdotes del antiguo lugar de culto no tienen derecho a comer de lo que hay en nuestro altar.

11 El Jefe de los sacerdotes lleva al antiguo lugar de culto la sangre de los animales sacrificados, para ofrecérsela a Dios y pedir el perdón por los pecados. Sin embargo, los cuerpos de esos animales se queman fuera del lugar donde vive el pueblo.

12 Del mismo modo, Jesús murió fuera de la ciudad de Jerusalén para que, por medio de su sangre, Dios perdonara a su pueblo.

13 Por eso, también nosotros debemos salir junto con Jesús, y compartir con él la vergüenza que le hicieron pasar al clavarlo en una cruz.

14 Porque en este mundo no tenemos una ciudad que dure para siempre, sino que vamos al encuentro de la ciudad que está por venir.

15 Nuestra ofrenda a Dios es darle gracias siempre, por medio de Jesucristo, pues hemos dicho que él es nuestro Señor.

16 Nunca se olviden de hacer lo bueno, ni de compartir lo que tienen con los que no tienen nada. Ésos son los sacrificios que agradan a Dios.

17 Obedezcan a sus líderes, porque ellos cuidan de ustedes sin descanso, y saben que son responsables ante Dios de lo que a ustedes les pase. Traten de no causar problemas, para que el trabajo que ellos hacen sea agradable y ustedes puedan servirles de ayuda...

20-21 El Dios de paz resucitó a nuestro Señor Jesús, y por medio de la sangre que Jesús derramó al morir, hizo un pacto eterno con nosotros. Somos el rebaño de Jesús, y él es nuestro gran Pastor. Por eso le pido al Dios de paz que haga que ustedes sean buenos y perfectos en todo, y que Jesucristo los ayude a obedecerlo. ¡Qué Jesús reciba la gloria y la honra por siempre! Amén.

¡FELICITACIONES!

¡Lo lograste! Si estás leyendo esta página, es porque con toda probabilidad, leíste este libro de rabo a cabo. ¡Te felicito! ¡Lo hiciste! Sé que pudo haber sido difícil para ti asimilar algunos temas, confrontarte a ti misma, aceptar algunas cosas, desligarte de otras, decidir sobreponerte, y actuar firme. Ya verás como todo tu esfuerzo y valentía será recompensado. Dirás "valió la pena esforzarme".

¡Comparte tu testimonio! Dale "Like" o "Me Gusta" al Fan Page a través de www.facebook.com/fortaleceteenelaunenceldivorcio y comparte con todas nosotras las subscritoras cómo Dios, a través de este libro, obró en tu vida. Tu historia bendecirá a otras mujeres y les será de esperanza y motivación.

¡Dale, Anímate!

Dios te bendice.

www.ingramcontent.com/pod-product-compliance
Lightning Source LLC
Chambersburg PA
CBHW071017040426
42443CB00007B/820